# वर्षा आए तो...

# वाणी प्रकाशन

**नयी दिल्ली-110002**

फोन : 23273167, 23275710, 51562621, 51562622

फैक्स : 23275710

e-mail : vani_prakashan@yahoo.com
vani_prakashan@mantraonline.com

# वर्षा आए तो...

डॉ. मनोरमा विश्वाल महापात्र

अनुवाद

डॉ. श्रीनिवास उद्‌गाता

[redacted]

वाणी प्रकाशन का 'लोगो'
मक़बूल फ़िदा हुसेन की
कूची से

ISBN : 978-81-8143-228-5

वाणी प्रकाशन
21-ए, दरियागंज, नयी दिल्ली-110002
द्वारा प्रकाशित

प्रथम संस्करण : 2004 [redacted]


शुभम ऑफसेट, दिल्ली-110032
में मुद्रित

---

VARSHA AAE TO...
by Dr. Manorama Biswal Mahapatra
Translated by Srinivas Udgata

*जिसकी माटी, आकाश, नदी ने*
*मुझे कविता दी है,*
*उस मेरे प्यारे गाँव को...*

*श्रीमती मनोरमा विश्वाल महापात्र की ये कविताएँ अब तक के संकलन... 'विश्वासर पद्मवन', 'फालगुनि तिथिर झिअ', 'शब्दर प्रतिमा', 'थरेखालि डाकिदेले', 'एकला नईर गीत', 'जह्नरातिर मुँह', 'स्वाती लग्न' तथा 'स्मृति श्रावण ओ प्रतिबिम्ब' में से चयनित और प्रकाशन के समयक्रम से संकलित हैं।*

# भूमिका

कविता से हम बराबर यह उम्मीद करते हैं कि वह हमारे जीवन को, उसकी सारी रंगतों, छवियों, विडंबनाओं और अंतर्विरोधों में विन्यस्त करे। हम जानते हैं कि कविता से जीवन हमेशा बड़ा है : कविता उसे कभी पूरी तरह से समो नहीं सकती। फिर भी, हम कविता से उम्मीद करते हैं कि वह ऐसा करने का असंभव उद्यम करे। जब कोई नया या अतिथि कवि हमारे सामने आता है तो हमारी उत्सुकता होती है यह जानने की कि उसने अपनी कविता में किस तरह का जीवन खोजा-पाया-बसाया-रचा है।

श्रीमती मनोरमा विश्वाल महापात्र की कविता का पहला आकर्षण यही है कि उनकी आधुनिकता ने अपने मूल अंचल की स्थानीयता, स्मृतियों और ऐंद्रियता को न सिर्फ सहेजा है बल्कि जीवन को देखने और बखान करने का उपकरण बनाया है। उनके यहाँ निविड़ता में 'खुले आकाश का गीत' सुना जाता है और बस एक करुण सूर्यास्त थिरक जाता है/घर के नक़्शे पर। वे उस गाँव-घर को बार-बार कविता में याद करती और सजीव करती हैं। जिसकी ज़िंदगी भरपूर मधुछत्ते की तरह थी। सौभाग्य से उनमें शून्यता का साक्षात् करने और मृत नदी के तट पर जाने का साहस भी है। उनकी स्मृतियाँ निजी नहीं पौराणिक और ऐतिहासिक भी हैं।

इस हिंदी अनुवाद से मनोरमा जी का हिंदी में काव्यप्रवेश स्वागत के योग्य है। वह इस सच्चाई का एक बार फिर इज़हार है कि हम भारतीय जीवन की जटिल सूक्ष्मताएँ और अपार विस्तार दोनों ही आज की कविता में पहचान सकते हैं और कविता हमारे समय में सारी आपाधापी के बावजूद जिजीविषा की एक स्पंदित विधा है।

**—अशोक वाजपेयी**

# अनुक्रम

# पास नहीं होती

आजकल बेटी
पास होते हुए भी होती नहीं है।
अन्य किसी अरण्य में
किसी और टापू पर
चुपचाप बैठी हुई होती है
आदिमाता की भाँति।

कभी आग सेंकती होती है
तो कभी होती है
आग को गोद में लिए।
आजकल़ बेटी
पास होते हुए भी होती नहीं है।

काफी कुछ दे नहीं पायी उसे
ऐश्वर्यमय शैशव
नाजुक बचपन।
पूजा की छुट्टियों में आएगी
लिखी है।
किसी सुदूर-प्रत्यय में
दूर-दूर होती जाएगी पूजा-छुट्टी...
आए तो देखेगी
उसके बचपन के दिन
मेरी छाती में
किसी तरह दीए की भाँति
जलते हुए हैं।

# तू रोए तो

तू रोए तो
हरे धान के खेत से
पानी पीनेवाली
माँ चिड़िया के
निःशब्द मन से खून रिसेगा।
धरती के सारे अच्छे दिन
बन जाएँगे दुःख के दिन।
माँ चिड़िया मुँह लटकाए
पेड़ पर सो जाएगी।

रो मत
रो मत लाड़ली मेरी, रो मत।
देख,
तेरे बगीचे में
बकुल की डाली पर
हलदीवसन्त दोनों
विभोर हैं
मधुचन्द्रिका में।

प्यार का झरना
बहता जा रहा है
निरन्तर
धरती में
तू रोए तो सपने सारे
मर जाएँगे मेरे मन के।

# अब लौटना होगा

अब लौटना होगा यहाँ से
रेशमी धागे से गूँथे सपनों को
धीरे-धीरे पूरा करना होगा।
जो भी हिसाब-किताब
जितने अहंकार, उन्हें
एक-एक रबड़ से रगड़
मिटा देना होगा मन से
अब लौटने की वेला आ गयी।

लालटेन दिखाने
साथ कौन जाएगा
अर्धपथ तक।

समय के साथ समझौता
जो कर नहीं पाए
वे प्रियजन
अन्तराल में थक कर
बैठ गए हैं
अब कौन चलेगा साथ
पथ के अन्त तक
उजाला दिखाने
मैं तो व्रतबद्ध हूँ
अपने पास
बाध्य कर किसे
न बुलाने को!

# दो कविताएँ

## ॥स्वर्णिम समय सारे॥

वक्त के खतम होने के पहले
आओ, थोड़ी देर के लिए
कर लें सुख-दुःख की बातें।
यहाँ और क्या है जो
टटोलते जा रहे हो अँधेरे में
पूरी जिन्दगी तो बीत गयी
सीढ़ियाँ चढ़ने में।

समय मिला ही नहीं
एक साथ बैठे
करने को सुख-दुःख की दो बातें
सुवर्ण समय सारे विवर्ण दिखने लगे
एक-दूसरे की
गलतियाँ ढूँढ़ने में।

## ॥फिर से घर॥

कहाँ है घर मेरा।
गंगा में
गया में
या त्रिवेणी में

घर को घोंसले की तरह
बनाने के फिक्र में
बना नहीं पाया।
सपनों के साथ रहते-रहते
स्मृतियों के साथ गुजरते
टूट गयी हूँ।
असहायता में।
आदमी के पास क्या है
कि सब कर पाता
मैं समझ नहीं पाती हूँ
कहाँ है घर मेरा,
गंगा में, गंया में
या त्रिवेणी में!

# कवि की माँ

माँ पहले से जानती नहीं है
कि वह एक कवि को जन्म देगी।
माँ तो सदा एक माँ ही होती है
वह कैसे समझती कि
कवि की माँ होना
सौभाग्य है या दुर्भाग्य।

माँ बस पहचान करा सकती है
प्यार की छलछलाती नदी के साथ,
आवेग से भरपूर फूल के पौधे के साथ।
प्रेमिका की नजर में
छिपी रहती है एक माँ
तब न अर्थमय हो जाता है जीवन!
माँ पहले से यह जानती नहीं होती कि
वह एक कवि को जन्म देगी।
सभी माँओं में
ईश्वरी एक,
सभी प्रेमिकाओं में
छिपी रहती है एक कपटहीन माँ।
माँ के प्यार की ऊष्मा
दूर बियाबान के अँधेरे में
टिमटिमाती लालटेन की तरह
जल उठती है।

लालटेन के क्षीण उजाले के पास
माँ देवी की भाँति
बैठी रहती है
मेरी प्रतीक्षा में।
मैं दूर गाँव के उजाले के पास
लौट चलूँगी।
घर के चौखट पर
बैठूँगी
थोड़ी देर के लिए।

# न भी होऊँ उस दिन

मेरे उस दिन न होने पर भी
मेरी कविताएँ तो होंगी!
गीत होंगे।
सूरज की ओर मुँह किए खड़ा
कनेर का झाड़ तो होगा?
प्यार के दिनों में भीगी
पुरानी चिट्ठियाँ
पसन्द के कपड़े की तरह
अलमारी में उसी तरह
सहेजे हुए होंगे तो!
मैं उस दिन न होऊँ तो भी
होंगी तो मेरी कविताएँ!

पढ़ाई के मेज पर
मेरी प्रिय किताबें
करीने से सजाई हुई होंगी
पहले की तरह
दोनों आँखों को छुला देना
मेरी कविता की कॉपी को।
धीरे से झाड़ देना उस पर से धूल।
तब धीरे, खूब धीरे
तुम्हारे हृदय से
बह चलेगी सुगन्धित हवा।
मैं उस दिन न होऊँ तो भी
होंगी मेरी कविताएँ,
मेरे गीत।

# कब लौटोगे बनवास से

कब लौटोगे बनवास से
लौटने पर एक साथ चलेंगे पुरी।
कई दिन हुए सूर्योदय देखे
एक साथ देखेंगे...
सूर्योदय और सूर्यास्त।

तुम्हारे बनवास से लौटने पर
गाँव के पोखर से
मछली पकड़ी जाएगी।
शिवजी का एक सौ आठ
चम्पा से अभिषेक होगा।

एकान्त में पूछूँगी
बनवास में कैसे रहे।
मायारावण, सूर्पनखा
तुम्हारे सामने
अंकित करते नहीं थे
इन्द्रधनुष?
आज बेहद सूखासूखा-सा लग रहे हो
चलो गाँव लौट चलें।

भरपूर मधुछत्ते की तरह
गाँव की जिन्दगी।
कहो,
कब लौटोगे बनवास से?

# कवि कह पुकार कर

कवि कह पुकार कर
मुग्ध कर दिया
कवि कह कर मेरे भीतर की
नाजुक भावनाओं को
छू दिया तुमने तो
सारे अनुभव मेरे
सुगन्धित हो उठे आवेग से।

ताराओं से भरपूर आकाश को
ताकती रही
अपलक आँखों से,
कविता लिखना
और कवि की तरह जीना
दो अलग बातें हैं।
कभी खून से तरबतर तो
कभी मधु से सराबोर।
अनन्त समय से
मैं लगी हूँ
शब्द के खेल में
कि कहीं कभी
शब्द की प्रतिमा एक
हो जाएगी चित्रित
मेरी चेतना में।

मैं तो एक आवेग-परिपूर्ण वृक्ष हूँ
कभी
फूले पत्ते एकाकार तो
कभी लोतक और लहू।

फिर भी जीवन भला लगता है
तब न दिखते हैं इतने सपने?
रोना और रूठना
हो जाते एकाकार
एक ही बिन्दु में।
मेरे उस निरीह अनुभव को
कैसे तुमने समझा कि
कवि कह के,
जैसे कोई सुन न पाए
पुकारा धीरे से।

# लौटने की वेला

लौटने की वेला आए तो
कौन किसे रोक सकता है?
तुम मुझे या मैं तुम्हें?
झिलमिलाते संसार की चाहत में
कभी विह्वलित हुई हूँ
कभी मुँह लटकाए बैठी हूँ अँधेरे में।

यह घर मेरा है
सोचने को भला लगा है बार-बार
गमले से सूखे पत्ते को झाड़ते समय
यह मेरा घर है सोचने को
अच्छा लगा हे बारम्बार।

अलमारी में सहेजी किताबें
पढ़ाई की मेज पर रखी हुई चिट्ठियाँ
मैंने दुबारा पढ़ी हैं।
नरम उजाले में
बालकॅनी में बैठी रही हूँ
अकेली।
कभी मुँह लटकाए अँधेरे में
तो कभी उदासीनता से परेशान।

आज अचानक मेरे जाने की बात
कैसे जान गए कि रोक रहे हो

चलने की वेला आए तो
कौन रोक सकता है किसे
मैं तुम्हें या तुम मुझे?

# कुछ भी बदला नहीं

मैं जहाँ थी ठीक वहीं हूँ
कुछ भी बदला नहीं है।
न पता, न घर का नक्शा
न ही इस बगीचे का महोत्सव।

तप ही तप में गंगा के आवाहन के लिए
होती रही तैयार मैं अहोरात्र
यहाँ से स्वर्गद्वार तो
ज्यादा दूर नहीं, वह मैं जानती हूँ।

मेरे पूर्वजों की आत्मा से
यह पथ है आलोकित।
इस अग्निपथ से होकर चलते समय
चतुर्दिशा वर्णमय लगतीं हैं।
अस्फुट काकलि
सुनाई देती है चारों ओर से तपस्या में,
अभीप्सा में
वह्निमय है यह पथ

मैं यहीं हूँ
कुछ भी बदला नहीं है
न नक्शा घर का, न ठिकाना
बस एक करुण सूर्यास्त
थिरक जाता है
घर के नक्शे पर कभी-कभार।

# तेरी जलमयी उँगलियों में

तेरी जलमयी उँगलियों में
मुझे तनिक छू दे चिलिका
आज इस मेघमय क्षण में
उद्वेलित जल-तरंगों में
मानों मैं एक बादल हूँ
तट लाँघ आयी एक लहर हूँ।
आकाश में उड़नेवाली एक विभोर चिड़िया हूँ।

दूर है सालेरी और भालेती का चित्रपट*
बेहद भला लग रहा है यह खुला आकाश,
हलके बादल की छाया, विदेशिनी पंछियों के गीत
काफी दिन हुए मैंने सुना नहीं है
खुला आकाश का गीत
इस भाँति निविड़ता में।
इसके पहले भी मैंने ऐसी निविड़ता में
देखी नहीं थी चिलिका को।

चिलिका की छाती पर
आज लिख दूँगी अपना नाम
लिख दूँगी कि मैं आयी थी
चिलिका में सपने तलाशने।

---

* सालेरी/भालेरी-चिलिका झील में स्थित दो पहाड़।

तेरी जलमयी उँगलियों में
मुझे तनिक छू दे, छू दे
कि मैं अधिक से अधिक
निविड़ हो जाऊँ।

# आज इतने दिनों के बाद

आज इतने दिनों के बाद
लाल कुईं एक खिली है
पंकपूरित पोखर में।
बेहद अच्छा लग रहा है यह गाँव
मकान की पलस्तर छूटी दीवार
सिवार से भरपूर प्राचीर।
उसी ने मुझे कई बार
सटा लिया है अपनी छाती से
स्कूल के वक्त आने पर।

आज मैं लौट आयी हूँ अपने बचपन को
मानों एक छोटी-सी बच्ची बन गयी हूँ
खगेन्द्र मास्टर जी, महेन्द्र सार
एक भी नहीं हैं आज।
बेहद अच्छा लगता है गाँव को आने पर।

जो चीजें मेरी खो गयी हैं, जो मैंने खोया है
हर चीज मिल जाती हैं एक साथ।
क्या होता है यहाँ?
चाँदनी में, दलदल भरे पोखर में?
लोगों के अभावी मन में?
क्या होता है जो अरसे से न भरनेवाला जख्म
अपने आप भर जाता है
किसी के सहला देने भर से।
मैं आयी हूँ इसलिए इतने दिनों के बाद
लाल कुईं एक खिली है, पंक भरे पोखर में

# जिन्दा हूँ जब तक

मेरे भीतर को
कर दो चित्रमय
कारुकार्य से
चित्रित कर दो
मेरे भीतर।
मुक्ता की भाँति
झिलमिलाता सपना एक
उस कोमल और सुकुमार सपने को
सहेज कर रखूँगी
जिन्दा हूँ जब तक!

# वर्षा आए तो...
# मेरे अन्दर कोंपलें खिलती हैं...

उस दिन कागज की नाव बन कर
मेघ को ताकती थी
बारिश में पत्तों के खिलने की भाँति
मैं खिल उठी थी।
वर्षा आए तो
मेरे अन्दर कोंपलें खिला करती हैं।
मैं हो जाती हूँ श्यामायित
आँसू की एक मौन धारा
बह निकलती है मेरे अन्दर
आँसू और स्वप्न में
मैं टूट जाती हूँ।
मैं तो आँसू से तराबोर
एक सावन हूँ
ढँकी जाती हूँ
पुरानी यादों में।

## पूछो कुछ भी नहीं

छीन लिए मेरे सारे सपने
तुमने।
अपना समय कहाँ है जो
लिखूँगी एक पंक्ति!
गाऊँगी एक पद!
सदा तो पशु की तरह जिन्दा रहे
अपनी रुचि से मुझे जिन्दा रहने
न दिया...
हर बात की वजह तलाशने लगे,
आज जब कि मैं
रो रही हूँ
कुछ भी न पूछो।

# तुम्हारे चलने की वेला

तुम्हारे चलने की वेला
भयानक फिर भी करुण
सुसज्जित जीवन की
स्मृतियों से उज्ज्वल।

यह एक तरह से ठीक ही है
अच्छा है चुपचाप चले जाना
समन्दर की लहरों की भाँति
तट को छू कर
छू कर फिर लौट आना।

मैंने देखा है तुम्हारे मन की निर्जनता को
एक अकेली कपोती के
रोने की वेला में
तुम किस भाँति भीग जाते
पूरी तरह से
अनमनेपन में।

किस भाँति झुलस कर
पेड़ की तरह
पैर गाड़े जमीन में
बेरौनक जीवन में।

किस तरह जल्दी ही

इतनी सारी बातें हो गयीं।
आज बस है याद उसकी
केवल स्मृति ही।

एक उदासीन चेहरा
चमकता
छलहीनता में
स्पन्दित मुहूर्त्त जितने जीवन के
जड़ाए रहते थे अपने भीतर।

किसने समझा है
क्या है तुम्हारी निर्जनता
निर्माया एक चिड़िया का क्या है दुःख
कौन भी जानता!
इन सबके बावजूद
जीवन को अपनाने जाकर
खाए हो ठोकर
मुझे पता है।

जीवन की धमकी से
डर जाते
वैसा तुम लगते तो नहीं थे
इस तरह अकेले चल दिए
ठीक किया।
महाकाल के छूने के पहले
तुम खुद बने
महाकाल।

## जिन्दगी भर तुम्हारे लिए

कभी अगर आए वह
धूप के सन्नाटे में
छलछलाती आँखों में
या कभी सावन की
घनघोर वर्षा में
सारंगी पर मेघ-सा।

कैसे पता चले उसे
मैं वहाँ और हूँ नहीं
मैं किसी समुद्रतट की
क्षेपणास्त्र घाटी तले
जख्मी हो जलती हूँ।
मोम की तरह पिघलती रहती हूँ
हर पल।

वह जब आएगा तब
लदे होंगे फूल
नीम के शाखों पर
खुशबू से भरा होगा चहुँओर
निरुद्दिष्ट बचपन को
तलाशते टटोलते।

छाया की तरह स्थिर एक लड़की
मेहँदी रंग की

आँखों में भर करुण सूर्यास्त
पूछेगी मेरे बारे में
और कई बातें
कैसे वह जानेगी कि
किसके लिए इन्तजार ही में
बीत गयी समूची जिन्दगी।

## बिलकुल बन जा कवि

बादल की तरह आँख खोले
किसे एकटक देखते जा रहे हो बेटे
सरसों के फूलों की पृथ्वी को
या बच्ची गिलहरी की हँसमुख माँ को।

तुझे मैं दिखाऊँगी
सूर्योदय
हमारे गाँव के खेतों पर
सूर्योदय
क्षेपणास्त्र घाटी की तलहटी में
सूर्योदय।

निर्माया मनुष्य की घुमड़ती आत्मा में
सूर्योदय
तू नापेगा शाखायित डाली पर
तिनकों से मन्दिर बनानेवाली
माँ चिड़िया की
छाती की धड़कनों को।
छू कर देखना
अमृत हो गया होगा संचरित
तिनकों के घर में
हो उठी है मधुमय धरती
खिल आनेवाली
सुबह की भाँति

मन तेरा कोमल हो उठेगा
मधुर अनुभव से।

एहसास तुझे भी होगा कि
तेरे अनजाने में
फूलों से भरपूर पेड़ की तरह
तू महक उठा है भीतर ही भीतर।

आँगन में झरनेवाला हरसिंगार
कुलिंग के मन्द्र नादों में
लालायित माधवी लता में
छिपे डाहुक का स्वर
आश्विन की भोर
सब के भीतर तू बिछ जाएगा
मग्न हो जाएगा।

सब से पहचान कराए दूँगी
मेरे बचपन की देहाती सुबह से
कैशोर की ठेट दोपहरी की
घृणा और असूया को
एक ही फुत्कार से
पलट देगा जानती हूँ
तेरे प्यार से
भर देगा धरती को
जीवन को
तेरी सुकुमारिता से
शरद की साँझ
फागुन की गोधूली
खिल उठेगी
अपूर्व पुलक में।

कैसा शान्त समाहित स्वर तेरा

कैसा स्निग्ध तेरा कविप्राण
बादल की तरह आँखें खोल
देख ले तू जीवन को
सारे रस
तू सोख ले जीवन से
स्पंदित हो पूर्णतया
सराबोर हो जा कविता में
तू बन जा
कविता।

# तू आए तो आता है नया साल

तुम्हारे आने से न
आता है नया साल
कपूर सिंचित हो जाता है,
पत्तों पर, फूलों पर
अमृत बूँदों से कई बूँद
संचारित हो जाती है
मेरी आत्मा में, अन्तःस्थल में।

चमत्कार नया साल
खास तुम्हारे लिए
एकदम से सारी खुशियाँ
बिखर जाती हैं घर भर में।

निःशब्द में खिलता है शब्द
सारा आकाश होता तारामय
मेघमय यह सारा ब्रह्माण्ड।
जो चिड़ियाँ
न आतीं कभी भी
पता नहीं आज कैसे
आँगन भर को
भरती जा रही हैं
अपनी फिसफिसाहट में।

देखो गमले में

गुलाब खिले हैं दो
सुन्दर गुलाब
दो कोमल निष्पाप
शिशुओं की तरह।

आजकल उस ओर तुम्हारा
ध्यान ही नहीं है
पहले तो वैसे तुम नहीं थे
सभी फूलों को चाहते थे
आज बिसरा देते हो।

उस दिन की तरह
आज भी आओ
एक-दूसरे से कहेंगे कुछ गोपन में
तुम तो वह समझते नहीं हो
कैसे जानोगे कि
नया साल आता है
तुम्हारे आने से।

# अप्रकट विश्वरूप तेरा

खास कर तेरे लिए
इच्छा होती है कि गोद में उठा लूँ
जीवन को, यन्त्रणा को,
निरुपायता को।

बस तेरी सुकुमारिता के लिए,
इच्छा होती है कभी-कभी
लाँघ जाने की
जीवन की असहायता को,
व्यर्थता को।

इस तरह प्यार से
किसी ने भी पुकारा नहीं था तेरे पहले
इस तरह लाड़ से
मेरी सूखी, मुरझाती डाली पर
गुम्फित शाखाओं में
कभी भी तो भरा नहीं था
केका, कुहू, काकलि के स्वर।

इस भाँति तुम पुकारते रहो
पुकारते रहो अहर्निश
मेरी सभी शून्यता की
बाँध टूट जाए
निर्वाक घर के कोण अनुकोण
भर जाए तेरी खुशी की सुगन्ध से

धूप की वेला मैं
सुबह शाम
हो जाए एकाकार
एक ही बिन्दु में।

तेरी जिद में
भिगो दे मुझे, भिगो दे मुझे।
कर दे मुझे मुखरित
समय को,
जीवन को,
असहायता को
कर दे स्तब्ध।

फूल-सा किस तरह निष्पाप है तू
प्रकाश, अव्यक्त
मेरे इस अभावी
संसारी मन में
तेरे मन की गम्भीरता
कर नहीं पाती हूँ कल्पना।
बार-बार प्रश्नों के बाद पूछ कर
अस्तव्यस्त करके मुझे
कर देते हो स्तब्ध।

मैं हूँ
सामान्य अर्वाचीन
जो अहर्निश व्यस्त है, विव्रत है
अपनी चिन्ता में
तेरे उन असामान्य
प्रश्नों के उत्तर
देना बेहद मुश्किल है
मैं वैसे भी कौन हूँ जो
तेरे अप्रकाश्य विश्वरूप
समझ ले इस आसानी से।

# विवाह वार्षिकी

क्या आज वही दिन है
जिस दिन बुझ कर
फिर से जल उठता है
मन का दिगन्त।

आज है क्या
पूर्णता का पुनर्जन्म
मन के जालों को
झाड़ने का दिन
इस मन के अन्दर
है इतनी छाया
फिर ऐसे-ऐसे
उजाले के खेल
आज एक जीवन का
नया सोपान पर
पग धरने का दिन।

आकाश की नीली
साड़ी पहन लूँगी
विश्वास के दीवट पर
जलते दीये को
और तेज कर दूँगी
आज है मेरे
जीवन की शिवरात्री

कई यादें, कितनी छायाएँ
अनेक प्रतीक्षा की रातें...
आ जाओ मेरे पास
सट कर देखो
मेरी आँखों में झाँको
एकटक
तुम्हारी आँखों की पुतलियों में
विश्वास का दीया बनी
जल सकती हूँ मैं
किस भाँति
इतने दुखों के बाद भी।

तेज कर दो पलीते को और
जाओ नहीं, सुनो
क्या भी ऐसे तलाशते जा रहे हो
बावजूद इतने प्राप्ति के।
तुम्हारे इस तलाशने में
जानते नहीं,
आग्रह के सारे फूल
झर जाते हैं अकारण...
मेरे इस बारबार
ठोकर खाने की
उदासीनता को
समझ न पाए, सो
दोष नहीं मढ़ती...!

ऐसे गहन सम्बन्ध के
बगीचे में अवश्य ही
मैं छिपूँगी, छिप जाऊँगी
सब अपने कपट हातों से
ढँक रखा है आँखें मेरी
पट्टी बाँध कर।

बारबार ढूँढ़ती रहूँगी
खाती रहूँगी ठोकर
तलाशती चीज को
पाऊँगी नहीं मैं
हाथ की पहुँच में।

# विषाद-नदी के तट पर

कविता में जीना है
कैसा कठिन
तुम नहीं जानते
कवि के एक बूँद आँसू धरती पर
भूकम्प होता रहता है बारबार
काँपता है असहाय
कवि का जीवन।

अंजलि अंजलि आँसू...
जीवन को भिजाए देता है
कवि के मन को
सामग्रिक जीवन के हस्ताक्षर
पढ़ पाना होता है मुश्किल
वन्ध्या जीवन की विफलता से
छा जाती है कवि की धरती।

विषाद-नदी के तट पर
अकेले जीना है उसके भाग्य में
रात भी उनींदे ही
उत्कण्ठा से
गुजारना
है उसके नसीब में
स्वप्न देखने वाला इनसान
दुःख के पत्थर तले रह जाता है

दब कर।
हर पल रहता है
तिलमिलाता
जहर की ज्वाला में।

ज्वालामय जीवन का भार ढोते-ढोते
दूभर होता है जीना
कविता में।

उसके अकेलेपन में
क्रूसविद्ध होता रहता है
अपनी उदासीनता में
मचलती रहती हूँ
बूँद भर आँसू में
डगमगाता कवि का जीवन।

सामान्य स्नेह से
समग्र सत्ता में उसकी
छा जाती है
सुकुमारिता
उसकी लम्बी साँस से
आकाश की छाती
धीरे-धीरे हो जाती है नीली
अकेले वह बैठा रहता है
विषाद की क्षीण नदी के तट पर।

# अतर्कित सूर्योदय

काश कोई होता जो
अपने नील लोतक से
मेरे मन को, पल भर के लिए ही सही
भिगोए रखता
लुम्बिनी अथवा कहीं
निरंजना के तट पर
इतिहीन प्रतीक्षा में
छाया को मेरी
लपेटे रहता।

हर पक्षी लौटते घोंसले को
हर नारी जलाती है दीया
शाम होते, घर आँगन में
मेरे जीवन की शीर्ण पाण्डुलिपि पर
मैं ढूँढ़ती हूँ किस का
स्निग्ध हस्ताक्षर
सदियों से
मृत नदी के तट पर।

मैं उससे कहती,
तुम तनिक बैठोगे क्या
मेरे पास
कुछ भी अच्छा लगता नहीं है
अजस्र सहानुभूति से

भिगोए देते तुम
मेरे अन्तःस्तल में बसे
दुःखी मन को
दीर्घ दिन से जो मेरे अन्दर बन्द है
बहुत होती है इच्छा उसे खोलने की।

मैं उसे कहती
चलो चलें साथ-साथ
मृत नदी के तट पर
जहाँ सूखे पत्तों की
आवाज के अलावा
कुछ और सुनाई न देता
अरण्य के
भयाक्रान्त
श्यामलिमा में।

# वर्षाऋतु

वर्षाऋतु जोड़ सकती है
नदी के साथ नील सागर को
फिर वह जकड़े रह सकती है
उसके मन की स्मृति-विस्मृति की
संख्याहीन छायाओं को।

वर्षाऋतु
मेघ-जहाज पर बैठे
जाती आखेट को
कोई आ फँसता है
राजकुमारी की
बारह हाथ लम्बी वेणी के प्रेम में।

हवाई घोड़े पर या
जादुई झूले पर बैठे
बूढ़ी राक्षसी की जीवन नाटिका काट
अनायास कर पाता है शेष।

वर्षाऋतु हो सकता है कभी
निर्जन पर्वत के शृंग पर
घर बसाए
अतीत को
भूलने की इच्छा से।

या कभी मेरे गाँव के आकाश को
अपने लोतक के स्रोत में बहाए
अतीत की आतुर स्मृति में।

जितने भी फूल हैं इच्छा के इस मन में
सब झर कर हो जाते खतम
वर्षा के आने के पहले
मेरी पृथ्वी भीग जाती वेदना में।
पत्ते सारे रंग बदलते
मैं बस काकुस्थ कातर हो
तकती रहती हूँ
सेदना के बन्दरगाह से।

# निःसंग आकाश की स्वरलिपि

मैंने बस इच्छा की थी
छूने को
उसके मन के
निर्जन आकाश को।
मैं हूँ वामन
मुझे कैसे पता चलता कि
चन्द्र है वह अत्यन्त महान
हाथ मेरा उस तक पहुँचेगा नहीं
मैं हूँ सामान्य कारुण्य की
छोटी-सी
लम्बी साँस।
मैं पापी इतर जन हूँ
वह सुकृत आज है नहीं मेरा
जिस पुण्य समय की छाती पर
लिख दूँगी प्रीत और
प्रत्यय के गीत
पहाड़ से ममता का
झरना बहा कर।
मेरे लिए बाइस पाहाच*
और
बड़दाण्ड*

---

* बाठस पाहाच–श्रीमन्दिर के सिंहद्वार से मन्दिर-द्वार तक के पावच्छ। इसके प्रतीकात्मक अनेक आध्यात्मिक अर्थ हैं।

* बड़दाण्ड–श्रीक्षेत्र का पावन पथ, मन्दिर से गुण्डिचा मन्दिर तक। रथयात्रा, इसी मार्ग पर होती है।

है मना
वह यह जानता नहीं
जानता होता तो
पूर्णकुम्भ
चन्दन सिन्दूर के लिए
मेरे मन में न होती कामना।

# तुम्हारी चिट्ठी

जब तुम्हारी चिट्ठी आती रोज
मेरी स्मृति के बंद लिफाफे में
तब मेरे शोणित में लगती है आग
धरती मेरी भर जाती है
वसन्त की मधु सुगन्ध में।

आज तो वह दिन नहीं
आज दूसरी यन्त्रणा का दिन
अनेक वसन्तों के बावजूद
चारों ओर खोयी खोयी छायाएँ
पेड़ पत्तों के चेहरे
लगते करुण।

इतवार छुट्टी का दिन
बेहद निष्करुण
तुरत डाक से
मेरी यादों को उधेड़ने
तुम्हारी चिट्ठी और
आएगी ही नहीं
सामान्य छुट्टी पर तुम भी
होगे नहीं उतावले
आने को
भरपूर वायदे भर चिट्ठी में।
बात कभी न होती खतम

चिट्ठियाँ आतीं और जातीं हैं
मैं बस ताकती रहती हूँ
वीरान एक तारा बन कर
मुझे पता है कि
इस जनम में
तुमसे कोई चिट्ठी
आएगी ही नहीं।
वह सुकृत कहाँ भी है मेरा
अगले जनम के लिए।

# अमृत पल की स्मृति में

मैं न जल रही यहाँ
वैशाख के उत्ताप में
रोज रोज आँसू में नहा कर,
जिन सपनों को मैंने
देखे थे चैत में
मैं उल्लू हूँ जानती नहीं थी
वह चैत ऐसे है निष्करुण,
मेरे सारे फल-फूलों के साथ
मुझे लेकर फेंक देगा
वैशाख के ज्वलन में।

शपथ की तीन रेखाओं को
कैसे मैं लाँघ जाऊँ
जहाज जल रहा तो जले
मैं भी उसमें हो जाऊँ ध्वंस
अन्त हो जीवन की सभी
विफलताओं का
मिट जाए नाम मेरा धरती पर से,
जिसने कभी मनुष्य से कर के प्यार
प्रारम्भ से
पायी थी अन्त में
बस शून्यता ही।

उस दिन मेरे मन में बस
मोह था अज्ञात पथ का

नए-नए डग भरने का
पर शुरू से ही ठोकर
खाना पड़ा मुझे
कहीं भी नहीं था कोई
बेहद शून्य
काफी अकेली मैं
करती हूँ महसूस
है यह चैत अति निष्करुण।

मैं बिलकुल भूल नहीं पाती
उस राह के फूलों के पौधों को
जिनमें भरे थे
अनेक वसन्त;
जो कुछ दिन भी मैं जली थी
साथ-साथ
उस राह के फूलों को कर के पार
उसने सुनाया था मुझे
पहले उस दिन
कितने नए प्रत्यय के
प्रणय-संगीत।

मुझे छोड़ अचानक
राह से हट कर
वह चला जाएगा
बिलकुल मैं जानती नहीं थी;
आज बेहद अकेली पड़ गयी
लगता है चारों ओर घिरी है शून्यता
याद आते उस राह के फूलों से
लदे हुए पौधे
उनके पास बिताए
कुछ एक अमृत मुहूर्त्त
मैं बिलकुल
भूल नहीं पाती।

# अश्रु-गान

शकुन्तला ने चाहा था
चलने को दुष्यन्त के देश को
उसे कैसे पता होता कि
वक्त होगा इस कदर बेदर्द
उसके लिए
उसके स्नेह की स्मृतियाँ
डालेंगी फन्दा
उसके गले में।

उसकी इच्छाएँ सारी
खिली थीं फूल की तरह
चलने को दुष्यन्त के देश को
अनेक ताराओं की रातें
इकट्ठे कर एक दिन
लम्बी साँसें ली हैं उसने काफी।

वह दुष्यन्त; उसके मन का एकान्त पुरुष
कुछेक विस्मय पलों के पहले
खो गए उस दिन के सारे परिचय
शकुन्तला लौटी थी चुपचाप,
पुष्प रेणु की भाँति
जीवन को करके व्यथामय।

## शहर वर्षा का

मेरा शहर वर्षा का शहर
उस शहर में खिले नहीं मौलेशरी
वसन्त की पाकर खबर
आकाश से झरता रहता है
सदा ही आँसू झरझर।

कभी-कभार यह वर्षा
बटोर लाता है
बिम्बिसार राज्य की खबर
गृध्रकूट पहाड़ में खोए
अनेक विमुग्ध
अतीत का स्वर।

वर्षाऋतु है अनेक इच्छाओं की ऋतु
जिस ऋतु में आनन्द में
डूबनें को मन करता है
कभी-कभी इच्छा भी होती है
हिप्पियों की तरह
शरधाबालि पर सोए
तोड़ने को फूल, आकाश पर से।

वर्षाऋतु इतनी बातें बोल भी सकती है
फिर भी वह सुनाती नहीं है
उस राज्य की सामान्य खबर तक

उस राज्य में मेरी दस सालों की यादें
चुपचाप सोयी होंगी बन निर्विकार।

वर्षा है एक विकल आत्मा का स्वर
जिसके साथ सम्बन्ध मेरा
अत्यन्त निविड़
वर्षा की तरह
अपने अन्दर मैं हूँ
बेहद अस्थिर।

# ग्रीष्मावकाश

हाय कैसे बीती
गर्मी की यह लम्बी छुट्टी
किस भाँति बीते मेरे
इतने सारे दीर्घ दोपहर
तुम्हारी प्रीति के फूल
माला गूँथने में

और तो समय नहीं
मेरे जहाज ने
खोल चुका पाल
विषण्ण द्वीप से मेरे
आया है व्यथा परवाना
शायद वह आज्ञापत्र
बन जाएगा
मौत की तलब।

मैं और लौटूँगी नहीं
तुम्हारे इस प्रीत के नगर को
मैं और लौटूँगी नहीं
तुम्हारे मन में मंजुला होने को।

कल से धरती का सारा अन्धकार
जम जाएगा आ कर इस सुनसान घर में
कल से लगेगा कि

जीवन है व्यथा और वेदना का घर
रोज दफ्तर से
लौटने के बाद।

मेरी चारों तरफ आज
भयानक समुद्री लहर हैं
पता नहीं कब मेरा डूब जाए जहाज
और तो समय नहीं
टूट जाएगा मेरी इच्छा का मकान
पीछे छूट कर
रह जाएगा
प्यार का साम्राज्य।

## स्वाती लग्न

तुम्हारे आने की खबर चारों ओर
फैली है हवा में, पत्तों में फूलों में।
तुम्हारे आने की खबर आकाश में
स्पर्शातुर मन की दीघी में।

तुम्हारा आना बिलकुल है नहीं झूठ
आज इस स्वर्णिम सुबह में
सम्भाव्य समय में
तुम्हारा आना है
लगभग निश्चित।

फूल पत्ते एकाकार
शायद आज है स्वाती लग्न
आँसू-हँसी एकाकार
आज शायद
यह धरती है अत्यन्त
स्वप्नमग्न।

तुम्हारे आने के लिए
सारे समय आज
दीप्तिमयता में
उद्भासित, उच्छ्वसित मुहूर्त्त में।

कैसी सुन्दर चाँदनी से खिली रात

छाँह और उजाले के खेल में
टूटे-जोड़े बातों की लीक पकड़कर
है यादों का मेला।

सच तुम आ रहे हो क्या
कुसुमित हो कस्तूरी सुगन्ध में!
तुम सच आ रहे हो क्या
अपना नाम कर के चित्रित
मेहँदी के रंग में!

तुम्हारे आने की खबर चारों ओर है
आज शायद है जीवन में प्यारभरा दिन
चारों ओर है नीरवता
आदिगन्त स्मृति का स्पन्दन।

इस समय रोया जा सकता, काश
भिगो कर इस मन की निःसंग कोठरी को
तब हँसी और आँसू को घोल कर
मेरे सारे मूल्यवान अनुभव
कर देती मैं एकाकार।

चमत्कार लगता है आज
तुम्हारे आने की खबर सुनने को
बूँदबूँद ओस की बूँदों से
वैसे तो कहीं भी न थी बाधा कोई
आने के प्रलम्बित समय के स्पन्दन में।

आज शायद है स्वाती लग्न
अन्तहीन महोल्लास में
खिलने का, खिलाने की वेला।
आज मैं तज दूँगी सभी शून्यता को
फेंक कर सारे अहंकार

तुम आओ मेरे पास
अपरूप कालजयी
अनन्त व्याप्ति में।
तुम्हारी सत्ता है
अन्तरंगता में
अविच्छिन्न
यह मेरी आत्मा में।

# घर

आकाश का चेहरा
दिखता है भीषण पाण्डुर
तुरई फूल खिलखिलाया
सुबह भी अनकहा अँधेरा।

अँधेरा घिरघिर आए
आकाश में निद्रित पत्तों पर
इस मन की निरंजना के तट पर
अन्धकार करता है मुद्रित
अनेक हस्ताक्षर
अन्धकार करता है अभिन्न
अनेक वर्णों को।

मेरी चारों ओर आज
भरपूर व्यथा का तूफान
मेरी चारों ओर आज है
वासुकी का सुतीव्र दंशन।

आज सब है एकाकार
रक्तनदी संतरण के बाद
किस भाँति मैं अकेली हूँ
जीवन मरु में।
सभी घर हैं वेदना के घर।
घर कभी न होता अपना।

किस तरह मैं नापती थी
इस घर के प्रत्येक स्पन्दन
किस भाँति मैं ठहाके लगाती
हँसती
जब था यह घर
निःशब्द निर्जन।

लाख बार बनाया है मैंने
घर कल्पना का
फिर खुद ने तोड़ दिया होगा
उस मकान को
अनेक भावना के।

अति परिचित यह घर कभी
न होता अपना
सभी घर अनेक दुःखों के।

कई बार इस मकान में
मैंने उठाया होगा
पाल कल्पना का
कई बार इसी मकान में
टूटे काँच समेटने में हो म्रियमाण
बैठी होऊँगी मैं
मौन हो आकाश को ताके
रक्त नदी के सन्तरण के बाद
क्या भरोसा समय का
जीवन है एक ताश-घर
या एक पान्थशाला
किसके लिए यह आडम्बर!

फूलझरे प्रभात में
अकेली बगीचे में

टहलते समय
सूर्य का प्रथम स्वर
छू जाता है
इस घर के प्रत्येक सोपान को।

दिनभर लगा रहता है
छाया और उजाले का खेल
ऐसा एक घर कभी रहता है स्थिर
तो कभी कोलाहल।
इन सबके बावजूद
घर कभी न होता अपना
इस तरह अपना फिर
लगता पराया।

झुक आए आकाश से जब
बूँदबूँद टपकता पानी
घर क्या तब सोया रहता है
छोटी-सी एक बिलाई-सी

आश्विन में गुमशुम धूप की आँखें
छू जाती हैं इस घर का शून्य चबूतरा
अनेक उद्विग्न मन
पृथक् इच्छा के स्वर में
उल्लसित हो उठता है
मेरे निर्जन मन का कमरा।

यह घर है आनन्द से उच्छल
गाम्भीर्य में कभी निरुत्तर
अपना-सा हो जब होता है दृश्यमान
तब वह है अधिक पराया।

# विदाय नहीं

तुम्हें विदा देने की कोई प्रासंगिक शर्त तो नहीं थी
सामग्रिक जीवन से/चेतना से
प्राणमय मुहूर्त्त से
विदा कर देना तो कोई कम बात है नहीं!

शब्दमय नीरवता में/आशा से/विश्वास से
प्यार जताने में/गलत समझने में
जन्म में/जन्मान्तर में
स्मृति/विस्मृति में
बारम्बार तुम्हारे अकृपण मन की यादें
आती हैं।

मेरी इच्छा के स्पर्श से सारी दूरता
उद्भासित होती है निकटता में
आत्मनिर्वासन है मेरे आग्रह से/जीवन से
मधुमय मुहूर्त्त से/गुम्फित आवेग से
समझने में/समझाने में
विदा लेने में/देने में
सारे दुःख एकाकार खण्डित मुहूर्त्तों में
अन्तहीन प्रतीक्षा में जीवन का स्वर
विदाय की वेदना में जीवन भास्वर

अनुभव में, आवेग में, नीरवता में
तुम्हारे संग भेंट होगी प्रात्यहिक चेतना में।

तुमने मुझसे विदा माँगी, स्तब्ध कर दिया
आनन्द के आवेग से मुग्ध कर दिया
नए उद्धवर्त्तन से, नयी तपस्या में
खिलने की उन्मुखता में मग्न कर दिया।

तुम आज हो प्राणमय अपना प्रतिभू
तुम्हारे संग भेंट होगी बारबार
जन्म-जन्मान्तर में, ग्रहग्रहान्तर में
स्वाती नक्षत्र में
क्षित्यपूतेजमरुत्व्योममय बनोगे तुम
अनुभव के पृथ्वी में उल्लसित होगे
बारम्बार।

# सजा लो जीवन को

मिठास भरा रिश्ते का
पौधा मैं रोप दूँगी
तुम्हारे सुवासित आँगन में
हल्दीवसन्त की तरह
प्यार की पाखी से कहूँगी
बनाने को नीड़
स्काईलाइट में
सोने के कमरे के।

आज या कल
बम गिरने के पहले
सजलो जीवन को
हरसिंगार से।
क्यों बैठे हो
सर नवाए अँधेरे में
अनन्त काल से।

क्यों बैठे हो सर नवाए अँधेरे में
अनन्त काल से
तुम अगर कहोगे तो
छोड़ जाऊँगी
कुछ सुनहरी यादों से
सपनों से कुछ आगामी काल के लिए।

# मेरा गाँव

मेरा गाँव एक आम गाँव नहीं है
मेरे गाँव की मिट्टी और जल है मन्त्रसिद्ध
जिसके आकाश पर अरुन्धती और स्वाती
ध्रुवतारा हैं आलोकित
मेघमय क्षणों में कैसे-कैसे चित्र...
हथेली पर गिरतीं रिमझिम बूँदें अविरत
उन्हीं मुक्ताओं से मेरा बचपन
हो उठा सुगन्धित
अरुन्धती के उजाले में कविता
लिखी है अनेक
स्वाती में भीग कर
वर्षा की बूँदें सीपियों में जैसे
मुक्ता बन जाती हैं
मेरा किशोर काल वैसे ही
हो उठा अंकुरित कविता में,
मात्र कविता में।

## तुम्हारा विषण्ण हाथ

तुम्हारे बारे में
कुछ लिखने जाऊँ तो...
विषण्ण हाथ का स्पर्श करता है आलोड़ित।

वर्षा होती है, घनघोर वर्षा
बूँदें झरती हैं
उन विषण्ण हाथों पर।

अश्रुस्नात बालिआपाल
दिगन्त घिर जाता है
आँसू की बाढ़ से
तुम तो घिरे हुए हो
मेरी आत्मा में
बचपन की याद-सी।

# वर्षा आए तो

उस दिन कागज की नाव होगी
मेघ की ओर तकती रही थी
वर्षा में कोमल पत्तों के
खिलने की तरह मन मेरा
खिलखिल उठा था
वर्षा आए तो मेरे अन्दर मानों
कच्चे पत्ते बोलने लगते हैं
और मैं श्यामल हो जाती हूँ।
आँसू की एक बारीक-सी धारा
खुल जाता है मानों मेरे अन्दर
आँसू और स्वप्न की भाँति
मैं टूट जाती हूँ।
मैं तो आँसू भीगा एक सावन हूँ
पुरानी यादों में मैं खो जाती हूँ।

# मैं आज पुरी में...

तुम्हारा कोमल मधुर प्रेम
चारों ओर फैले हुए है
वर्षा आए तो वह और भी कोमल लगेगा
वर्षा में भीगते हुए जगन्नाथ
चलेंगे मौसी के घर
मौसी के हाथ की मिठाइयाँ
खाकर सुन्दर लगेंगे और भी।
समन्दर तो जोड़ देता है सबको
स्मृतियों के सपनों को...
तुम किस स्वप्न में विभोर हो नटवर!
कल्पवृक्ष की डाली पर तुम्हारा
प्यार की चिड़िया उड़ती फिरती है
मैं इस बार पुरी में देख आयी
क्या तुम भी कहीं दूर उड़ चले हो?
तुम्हें ढूँढूँगी कहाँ...
स्वर्गद्वार या समुद्र में...?

# शान्तिनिकेतन

फूल खिलने के उत्सव में
जो विभोर है
वह है शान्तिनिकेतन।
किसे पता था
गुमशुदा फागुन में
छोड़ आए बकुल के पेड़
वहाँ और होगा नहीं
मेरे वापस आने तक
किसी चित्रकार के हाथों
छवि बन गया होगा।
मेरे प्यार के ढेर सारे हीरा-फूल
बह गए उस दिन
मयूराक्षी के जल में।

कुछ भी को रोक समेट न पाया।
कैसा न है पीड़ादायी
गुमशुदा प्रेम को
खोया फागुन को
रोके रखना।
कभी-कभार आतुर हो
ढूँढ़ लेती हूँ चहुँओर
शान्तिनिकेतन की सुगन्ध
शायद वह महक मुझे
छू गयी है

इसलिए
और और
भली लगती है धरती।
स्वर्ग और मर्त्य को
छू रही है शाखा
उस डाली से
बूँदबूँद
अमृत
टपक रहा है मेरी देह पर।

कुछ कविताओं की नीरवता में
कुछ उपनिषदीय मौनता में
सुनसान नन्हे पौधे की तरह
टहनियाँ पसारते
मेरी भावभूमि को
भिजाए देता है
शान्तिनिकेतन।
मैं तो छूट नहीं पाती
वर्षा भीगी माटी की
सुगन्ध से
शान्तिनिकेतनी विषाद की
गहन स्मृतिमयता से।
स्वर्गद्वार या समुद्र में...?

# श्रीमन्दिर कल्पवट के नीचे

यह कैसी है सुगन्ध मेरे मन में
मेरे अन्तःस्थल में
मेरी आत्मा और चेतना में!

मैं किस भाँति मुकुलित पत्र-सा
फूल-सा
होती जा रही हूँ विकसित
अपने आप।
किस तरह चर्चित चन्दन-सा
दीप की सुगन्ध-सी
महकती जा रही हूँ
अपने आप।
कल्पवृत्र, श्रीमन्दिर, स्वर्गद्वार
स्नानवेदी, बाईस पावच्छ
हर जगह मेरी चेतना है
खुद जाती है कमल की पँखुड़ियों-सी
हर जगह मेरी चेतना है
स्पन्दित और अंकुरित
भोर की मधुमक्खी-सी।

इस वृक्ष की हरेक शाखा में
झूलते हुए मानों त्रिकाल हैं
बयाये के घोंसले की तरह
मेरा भाग्य, भवितव्य

स्वप्न, स्मृति...सब कुछ
हैं यहाँ अप्रत्यक्ष रूप में।

अरसे के बाद आज इस तरह
श्रीक्षेत्र का आकर्षण
सूर्यास्त में समुद्र और झाउ वन
गोदनीमण्डित आकाश के एक अंश।

तुम्हारे साथ आज शायद
भेंट होगी इसी सूर्यास्त में।

मैं किस तरह मुकुलित पत्र-सा
फूल की तरह
विकसित होती जा रही हूँ
अपने आप
मेरे अन्दर
मैं किस भाँति
महकती जा रही हूँ
कपूर की खुशबू-सी
चर्चित चन्दन की तरह
अकेली इस
मन्दिर के अहाते में!

# तुम्हारे कारण

यह जीवन है एक चमत्कार
खास तुम्हारे कारण
एक साथ सारी खुशियाँ बिखेर जाती हैं
घर भर में।

मौनता में खिल आते स्वर
सारा आकाश हो जाता है तारामय
मेघमय सम्पूर्ण ब्रह्माण्ड।

खास तुम्हारे कारण
भोर की महक आकर
चली जाती है
गुदगुदा कर सर्वांग को,
नभ से झरती वर्षा
तुम्हारे प्यार जताते क्षण में।

एक दिन लौट चलेगी अवश्य
मृत्यु और मैं मरूँगी नहीं।
खास तुम्हारे लिए।

सुगन्धमय शैशव से
वार्द्धक्य तक
मेरी धरती बनती रहती है
और भी सुन्दर

रोमांचित होती रहती है
हर पल मेरी पृथ्वी।
लेकर मुझे बारम्बार
पहुँचाती रहती है
अपार्थिवता तक।

तुम्हारे प्यार की धरती में
है नहीं जरा और मरण
न है
कोई अनुताप अनुशेचना ही।
छिप कर है स्वर्ग एक
उच्छल जीवन में
खास तुम्हारे कारण
मृत्यु भी जाएगी लौट
मरना न होगा।

# अकेली सवेरे की चिड़िया

नववधू की तरह
चमत्कार अपूर्व ठवनी में
किस राज्य से आयी यह रूपसी पंछी,
हरिद्राभा
भीरु नजर से
स्तब्ध कर सुबह को
गाया क्या गीत
कि सुबह महक उठी अपूर्व सुगन्ध से
फैल गयी मधुरता चहुँओर।
रोज की सुबह से उस दिन का सवेरा
पता नहीं किस तरह लगा अलग-सा।

सच क्या उस दिन
नया कोई अनुभव
मेर मन के अकेलेपन को
स्तब्ध कर दिया।

पंछी की समग्र सत्ता में
कैसी विचित्र थी निर्जनता
मुग्ध आतुरता
आलोक में आश्लेषिता
विभोर कविता।

क्या कविता महक उठी चहुँओर

लता में पत्तों में
मैं जिसे देखने की चाह से
आज तक तलाशती रही थी
मेरे उस मुग्ध
किशोरी काल में
आज वह कैसे अपने आप
आया
और अहर्निश उदासीनता में
घिरा इस मन को
छू कर
फिर चला गया।

# देवियाँ हैं स्वयं मनोमयी

आजकल देर रात को
घर आऊँ तो
आँखें नियॅन बत्ती की तरह
ताकती क्यों हैं
अकारण?
आजकल देर रात को
घर आऊँ तो
ईर्ष्याएँ
पीछा करती आ जाती हैं क्यों?

देर रात तक माँ
इन्तजार में बैठी रहती है
मोतियाबिन्द से ढँकी आँखों में।
भोर के ठण्डक में
नींद किसकी टूट जाती है।
तब चाय खौलती रहती है केतली में
उठता रहता है भाप केतली में से
परत ढँकी आँखों में
चाय बना कर माँ
बुलाती रहती है।
माँ की बनायी चाय अमृत-सी लगती है।

ढँकी आँखों में माँ तकती रहती है
रेडियो पर मांगलिक शहनाई

की तरह माँ को गाएँ बुलाती हैं।
मोतियाबिन्द से ढँकी आँखों में माँ
अनमने भाव से।
माँमय हो जाती है सुबह।
स्नेह से सराबोर।

कई बार सोचा है कि
माँ से कहती
कल रात भर सोयी नहीं
और तेरी ही बातों से भरपूर
लिखी है कविता।
मैंने लिखी है
तू कैसी मनोमयी देवी है
और तेरा वह आह्लादिनी देवी गुण
समझा है किसने
मुझसे अधिक।

मन ही मन
तुझे लेकर
भारत के सभी तीरथों में
घुमा लायी हूँ।
मन ही मन
पहनाया है तुझे
देवी का मुकुट।
देवियाँ तो स्वयं मनोमयी
उनकी क्या भी है इच्छा
अनिच्छा भी क्या है?

मेरे इस देर से घर लौटना
कभी-कभी गुम हो जाना
लड़कपन की तरह
तेरी साड़ी को

मन ही मन लपेटकर
चुपचाप अँधेरे में सो जाना...
देवियाँ स्वयं मनोमयी हैं
अन्तर्यामी।
अग्निशिखा की तरह
चमकता
देवीरूप
किसने समझा है!

# बना था स्वप्न एक...

स्वप्न एक बना था एक दिन इस माटी में
महानन्द, महानदी, ब्रह्मपुत्र
आसाम के चाय-बागान में
मेहनतकश लोगों के
सूखे होठों में।
स्वप्न एक बना था एक दिन
साबरमती में।
आज इस पूर्वा में
किसके स्वप्न की छाया है
आज इस प्रभात में
है किसके स्वप्न का है स्वर
किस ताँतियाटोप,
लक्ष्मीबाई
चन्दनहजूरी का गाँधी, गोपबन्धु, अरविन्द
बाघायतीन का!
प्रारम्भ की इस शुभ घड़ी में
कहाँ से सुनाई पड़ता है रामधुन
मन्त्र की तरह,
साबरमती से या
जालियाँवाला बाग से!
एक एक कर सत्याग्रही आने लगे हैं
उसी स्वप्न को साकार करने
निरवधि काल में से।
कान लगा कर सुनो

मन्त्र-सा देती है सुनाई
उनके पैरों की आहट।
आज शायद है
नयी चेतना की अभियात्रा
प्रारम्भ की शुभ घड़ी।

❑❑